W0228906

Eene jut jebratene Jans
is eene jute Jabe Jottes.

Berlin &
Mark Brandenburg
kulinarisch

von
Klaus-Jürgen Boldt

BuchVerlag
für die Frau

ISBN 978-3-89798-051-8

4. Auflage 2016

© BuchVerlag für die Frau GmbH,
Leipzig 2002
Arrangement und Fotos:
Grit Henschel
Foto S. 2 Brigitte Weibrecht
Einband: Susanne Weigelt, Leipzig
Typographie und Satz:
Lore Jacobi, Jesewitz
Druck:
Salzland Druck Staßfurt
Bindearbeiten:
Müller Buchbinderei GmbH Leipzig

Printed in Germany

www.buchverlag-fuer-die-frau.de

Inhalt

Berliner Küche mit Charme

Schnitzel Holstein stammt nicht aus Holstein und das Kasseler nicht aus Kassel. Beides sind ganz echte Berliner Gerichte; sie gehören deshalb unbedingt in dieses Büchlein über die Berliner und Brandenburger Küche. Der Diplomat Friedrich von Holstein (er wirkte im letzten Drittel des 19. Jahrhunderts) ließ sich das raffiniert aufgemotzte Schnitzel bei Borchardt in der Französischen Straße 45 servieren. Es wurde weltberühmt! Und der Metzgermeister Cassel traf mit dem »Ergebnis« seines Fleisch-Konservierungsmittels so ganz den Geschmacksnerv der weltoffenen Großstädter und machte sich und das würzige Casseler zum Liebling all derer, die gern etwas Kräftiges zwischen den Zähnen haben.

Daß neben diesen beiden Namen noch ein Berufsstand in die Geschichte der Esserei hineingeriet, ist vielleicht ganz gut: Die Schusterjungs, Brötchen aus Roggenmehl (weder aufgeblasen noch klitschig), wurden von den kessen Lehrlingen der Berliner Schuhmacher so getauft. Sie waren oft das bescheidene Zubrot zu noch bescheidenerem Hauptgang. Heute freilich sind Schusterjungs eine originelle und gesunde Beilage zu Wurstsalaten oder auch zur »Hausmachersülze vom Schweinekopp mit einer Apfelvinaigrette«.

Womit wir mittendrin wären in der Tradition der Berliner Esserei. Einfluß auf die Art der heutigen Küche Berlins und seiner engen wie weiteren Umgebung hatten der Adel gleichermaßen wie auch die armen Leute. Vieles ging im Laufe der Jahrhunderte ineinander über. Besonderen Anteil hatten die

Hugenotten, die im 17. Jahrhundert hier ihre zweite Heimat fanden. Sie brachten nicht nur neue Rezepturen mit, sondern beeinflußten die gesamte Eßkultur. Aber auch Reisende und neu hinzugekommene Bürger aus Schlesien, Pommern, Ostpreußen und natürlich Sachsen bestimmten mit, was in die Töpfe Berlins und der Mark Brandenburg kam. Es wird den Feinschmecker erfreuen, in diesem Büchlein besonders schmackhafte Fischgerichte zu finden. Fisch gehört – neben Fleisch – zu den beliebtesten Speisen der Region, und das nicht erst seit heute und nicht ohne Grund. Die fischreichen Flüsse und Seen in der nahen Umgebung Berlins und im märkischen Land zwischen Havel und Oder haben den Fischern und Anglern stets eine reiche Ernte gebracht. Frischen »Aal grün mit Gurkensalat« lassen selbst die kaum stehen, die einem geräucherten Aal nicht allzuviel abgewinnen können.

Und hierauf muß unbedingt hingewiesen werden: auf die »Altberliner Kohlroulade«! Sie wird nach Aussagen der Hauptstädter in einigen Restaurants tellerdeckend groß angeboten...

Neben Fleisch und Fisch steht auch Gemüse hoch in der Gunst Berliner Feinschmecker. Besonders delikat sind die Teltower Rübchen oder die Gatower Kugeln – Rüben, die durch den kargen Boden der Mark besonders klein und zart geblieben sind.

»Nouvelle cuisinne Berlinoise« – das Büchlein kann natürlich keine neue Berliner Küche kreieren, aber möchte aus Eingebürgertem und Neuzeitlichem eine anregende Mischung servieren.

Beelitzer Stangenspargel
in Dill-Vinaigrette

*1 kg Stangenspargel, Salz, Zucker,
1 Zitrone, 2 EL Zitronensaft, 2 EL Ap-
felweinessig, 7 EL kalt gepreßtes Öl,
1 hartgekochtes Ei, je 1 TL feingehackte Petersilie, Dill und Kerbel.*

Spargel schälen, waschen und im ge-
säuerten Wasser 5 bis 8 Minuten kochen. Saft von 1/2 Zitrone, die andere
Hälfte in Scheiben geschnitten sowie
Salz und Zucker dem Wasser zugeben.
Weiterkochen. Spargel dann in Eiswasser abschrecken, auf Küchenkrepp
legen. Aus den restlichen Zutaten
Dressing herstellen, gut abschmecken.
Spargel in Dressing legen, 2-3 Stunden kühl stellen, mit Zwiebelbrötchen
und trockenem Weißwein servieren.

Sülze vom Schweinekopp

*1/2 gepökelter Schweinekopf,
3 Zwiebeln, 1 Möhre, 5 Pimentkörner,
1 Lorbeerblatt, 1/2 EL gestoßene
Pfefferkörner, 400 g Faßgurken,
Essig, Salz, 4-6 Blatt Gelatine,
2 EL Zucker, Senfkörner.*

Schweinekopf mit 1 Zwiebel, Möhre
und Gewürzen abkochen. Den noch
warmen Schweinekopf von den Knochen lösen, in mittelgroße Stücke
schneiden. Möhren-, Zwiebel- und
Gurkenwürfel zugeben. Brühe auffüllen, bis Fleischgemisch bedeckt ist.
Gelatine einweichen, Fleisch-Brühe-
Gemisch aufkochen, Gelatine aus-
drücken, im Fond auflösen, kräftig abschmecken, Senfkörner zugeben; bis
zum Erkalten ständig rühren, in Formen geben, 2 Stunden kühl stellen.

Rixdorfer Bockwurstsalat

4 Bockwürste, 2 Faßgurken,
2 Zwiebeln, 2 EL scharfer Senf,
2 EL Öl, 1 kleiner Apfel,
1 EL Schnittlauch, Salz, Pfeffer,
1 Prise Zucker, 2 blaue Zwiebeln,
1 hartgekochtes Ei,
evtl. Radieschen und Selleriekraut.

Bockwürste abziehen, längs halbieren, in Scheiben schneiden, ebenso die Gurken und Zwiebeln. Dressing aus Senf, Öl, kleingeschnittenem Apfel und Schnittlauch herstellen, gut würzen, unter das Wurstgemisch heben. Abschmecken, kalt stellen. Zum Garnieren Eischeiben und die blauen Zwiebeln oder Radieschen und Selleriekraut verwenden. Dazu »Schusterjungs« reichen.

Schlesisches Heringshäckerle

4 Salzheringe, 2 säuerliche Äpfel,
2 Zwiebeln, 2 hartgekochte Eier, Senf,
Pfeffer, Zucker, 2 EL Öl,
6 EL dicke saure Sahne,
1 EL Schnittlauch, Radieschenringe.

Heringe über Nacht wässern, ausnehmen, filetieren. Äpfel, Zwiebeln und Eier schälen, alles grob hacken, Senf, Pfeffer, Zucker und Öl mischen, saure Sahne zugeben, alles vermengen, nachschmecken. 1-2 Stunden ziehen lassen. Mit Schnittlauchröllchen und Radieschenringen bestreuen und mit frischen Pellkartoffeln servieren.
Soll Häckerle als Brotaufstrich oder zu Kartoffelpuffern gereicht werden, alle Zutaten durch die grobe Scheibe des Fleischwolfs drehen.

Brandenburger Käsesalat

200 g Edamer Schnittkäse,
je 100 g Gouda, Romadour und
Harzer, 2 Zwiebeln,
1 kleine grüne Gurke,
0,1 l Crème double,
verschiedene feingehackte Kräuter,
1 EL Walnußöl, etwas Knoblauch,
Pfeffer, Salz,
1 Stange Chicoree, Dill.

Käse in gleichmäßige Würfel, Zwiebeln in Scheiben schneiden und blanchieren. Erkalten lassen, Gurke längs halbieren und ebenfalls in feine Scheiben schneiden. Aus der Crème double, den Kräutern, Öl und Gewürzen ein Dressing herstellen. Zutaten damit mischen und abschmecken. Kalt stellen, auf Chicoreeblättern anrichten und mit Dill garnieren. Als Beilage Baguette-brot-Scheiben.

Havelaal in Gelee

*600 g Aal (im Fischgeschäft abziehen
und ausnehmen lassen),
1 kleine Zwiebel,
etwas abgeriebene Zitronenschale,
1 Lorbeerblatt,
4 Wacholderbeeren,
2 Pimentkörner,
einige Dill- und Petersilienstengel,
Salz, 1 Prise Zucker,
6 Blatt Gelatine, 1/4 l Weißwein,
2 hartgekochte Eier,
Dill und Petersilie.*

Aal in 5 bis 7 cm große Stücke schneiden, waschen, 1/2 l Wasser, Zwiebel,
Gewürze zum Kochen bringen, Aalstücke einlegen, 2 bis 3 Minuten aufkochen, abgedeckt ziehen, im Fond erkalten lassen. Aal herausnehmen,
Mittelgräte entfernen. Fond zum Kochen bringen, eingeweichte Gelatine

auflösen, erkalten lassen, passieren und Wein zugeben. Abschmecken. Glasschüssel mit dem erstarrenden Gelee ausschwenken, Aalfiletstücke einlegen, mit Kräutern und Eischeiben garnieren, Gelee zugießen und fest werden lassen. Vor dem Servieren stürzen.

Vegetarische
Berliner Kartoffelsuppe

*400 g geschälte, mehlig kochende
Kartoffeln,
1 mittlere gewürfelte Zwiebel,
1/2 l helle Gemüsebrühe (auch
Instant), je 100 g Sellerie- und
Möhrenwürfel, 100 g Porreestreifen,
1/4 l süße Sahne, 1 kleiner Bd. frischer Majoran, Salz, Pfeffer.*

Kartoffeln in Würfel schneiden, mit
Zwiebel-, Sellerie- und Möhrenwür-
feln sowie Porreestreifen, grob ge-
hakkten Majoranstielen, Salz und
Pfeffer in der Gemüsebrühe etwa
30 min. köcheln lassen. Mittels Mixstab fein pürieren, nochmals aufkochen und 10 min. ziehen lassen.
Sahne unterschlagen, abschmecken,
mit geschnittenen Majoranblättchen
garnieren.

Löffelerbsen
mit Ohr und Schnauze

350 g ungeschälte gelbe Erbsen,
750 g Schweinekopf
(Backe, Schnauze, Ohr),
Majoran, 1 Lorbeerblatt, 2 Möhren,
2 Kartoffeln, 2 Zwiebeln,
1/2 Stange Porree, 200 g Speck,
Petersilie, Pfeffer, Salz.

Erbsen über Nacht einweichen, kalt ansetzen, würzen, den Schweinekopf zugeben, 90-100 Minuten kochen. Gemüse und Kartoffeln putzen, waschen, in 2 cm große Stücke schneiden. Den feingewürfelten Speck kroß ausbraten, gegarten Schweinekopf auslösen, in Würfel schneiden, zu den Erbsen geben, alles nochmals 10 Minuten kochen lassen. Mit Salz und Pfeffer abschmecken, mit gehackter Petersilie bestreuen. Dazu Graubrot!

Köpenicker Kartoffelsuppe mit Bockwurst

*500 g Rindfleisch, Suppengrün,
1 kg festkochende Kartoffeln,
100 g magerer Speck, 1 Zwiebel,
weißer Pfeffer, 1 Prise Muskat,
1/2 TL Majoran, Petersilie, einige
Blättchen Liebstöckel, 4 Bockwürste.*

Rindfleisch mit Suppengrün in 2 l Wasser zum Kochen bringen, abschäumen, 90 Minuten kochen lassen. Geschälte Kartoffeln in Würfel schneiden, waschen, blanchieren. Zum Fleisch zugeben, gar kochen. Fleisch in Würfel schneiden, auch Speck und Zwiebel, beides gut ausbraten. Alles in die Suppe geben. Mit Salz und Gewürzen abschmecken, mit Mixstab grob zerkleinern. Obenauf die angebratene Bockwurst und Kräuter geben.

Altberliner Biersuppe

1/2 l Bockbier,
1/4 l Berliner Pilsner,
1/2 Tasse Milch,
2 EL Stärkemehl,
3 Scheiben feingeriebener Zwieback,
etwas Zitronenschale, Zimt,
1 EL Korinthen, 1/2 EL Zucker,
2 Eigelb.

Beide Biersorten und 1/4 l Wasser zusammen zum Kochen bringen. Milch und Stärke verrühren, einquirlen, kurz aufkochen. Geriebenen Zwieback, Zitronenschale, Zimt, Korinthen, Zucker und zum Schluß das Eigelb zugeben (nicht mehr kochen lassen!) – sofort servieren.
Kann im Sommer kalt serviert werden.

Spreewälder Gurkenkaltschale

500 g Salatgurken,
3/4 l Buttermilch,
1/4 l saure Sahne (10 % Fett),
1/8 l Magermilchjoghurt,
je 1 TL gehackter Dill, Kerbel
und Borretsch,
weißer Pfeffer, Salz,
1 EL Zucker,
Salzgurken, Radieschen.

Gurken schälen, hobeln, salzen, kalt stellen. Buttermilch, saure Sahne und Joghurt mischen, über die Gurken geben, gut durchmengen und gehackte Kräuter zugeben. Erneut kalt stellen, vor dem Servieren mit Pfeffer, Salz und Zucker abschmecken. Salzgurken und Radieschen in feine Streifen schneiden und als Suppeneinlage verwenden. Mit Dill garnieren.

Teltower Entensuppe

*750 g Entenklein mit Herz und
Magen, 1 Bund Suppengrün,
1 Zwiebel, 500 g Teltower Rübchen,
50 g Butter, 2 TL Zucker,
2 EL Mehl,
weißer Pfeffer, Petersilie.*

Gut gewaschenes Entenklein in 2 l
Wasser kochen, abschäumen, nach
30 Minuten Suppengrün und Zwiebel
zugeben, gar kochen. Brühe abseihen,
Fleisch von den Knochen lösen (ohne
Haut), in Würfel schneiden. Die
mittelgroß geschnittenen Teltower
Rübchen in Butter mit Zucker anbra-
ten, mit Mehl bestäuben, die Hälfte
der Brühe zugeben und aufkochen.
Rübchen bißfest garen, restliche
Brühe und Entenklein zugeben, noch-
mals aufkochen, abschmecken und mit
Petersilie servieren.

Hechtklößchensuppe vom Lübbenauer Fischer

1-2 kleine Hechte, Suppengrün,
1 Lorbeerblatt,
1 Knoblauchzehe,
1 Zwiebel, 40 g Butter,
2 EL Mehl, 0,3 l Schlagsahne,
gehackter Dill,
Salz, weißer Pfeffer,
1/2 Zitrone, 2 Tomaten.

Hechte filetieren, Filets kalt stellen.
Gräten grob hacken, in 2 l kaltem Wasser zum Kochen bringen, abschäumen,
Suppengrün zugeben und 20 Minuten
kochen lassen. Danach würzen. Suppengrün herausnehmen, in Streifen
schneiden, Fischfond durchs Sieb seihen. In zerlassener Butter Mehl anschwitzen und mit Fischfond auffüllen, 30 Minuten auf kleiner Flamme
kochen lassen.

Für die Hechtklößchen das Hecht-
fleisch sehr zerkleinern und durch ein
feines Drahtsieb streichen, dann vorsichtig die Schlagsahne zugeben. Mit
Salz und Pfeffer würzen, Dill zugeben.
Mit einem Löffel Klößchen abstechen,
in die Suppe geben und 5 Minuten gar
ziehen lassen. Dann die Gemüsestreifen zugeben, nochmals mit Zitrone,
Salz, Pfeffer abschmecken. Abgezogene, entkernte und in Würfel geschnittene Tomaten auf die Teller geben
und mit der Hechtklößchensuppe
auffüllen.

Suppe von Havelkrebsen

24 Krebse,
1 1/2 l Instant-Brühe,
1 TL Kümmel, Dill,
50 g Butter,
1 Zwiebel, etwas Tomatenmark,
edelsüßer Paprika,
1 EL Mehl,
0,2 l Schlagsahne,
Salz, weißer Pfeffer,
5 cl Weinbrand,
2-4 Stangen Spargel.

In der mit Salz, Kümmel und Dill sprudelnden Brühe die gewaschenen Krebse 4-5 Minuten kochen lassen. Krebse herausnehmen, in kaltes Wasser legen, Krebsschwänze ausbrechen (Darm entfernen!), den Rest nochmals 10-15 Minuten weiterkochen. Butter zerlassen, Zwiebelwürfel anschwitzen, Tomatenmark und Paprika zugeben, mit Mehl bestäuben und passierte Brühe aufgießen, durchkochen lassen. Die Hälfte der steifgeschlagenen Schlagsahne mit gehacktem Dill mischen, restliche Sahne der Suppe zugeben, gut durchrühren, mit Salz, weißem Pfeffer und dem Weinbrand abschmecken. Als Suppeneinlage die Krebsschwänze und gekochte Spargelstücke verwenden. Vor dem Servieren mit einem Tupfer Dillsahne garnieren.

Brandenburgisches Morchelragout

2 Schalotten, 30 g Butter,
2 EL Mehl, 1/2 l Hühnerbrühe,
4-6 Stangen Spargel,
150 g Morcheln (Dose oder 60 g ge-
trocknete Morcheln),
100 g Krebsfleisch, Saft einer Zitrone,
Salz, weißer Pfeffer, Worcestersauce,
2 Eigelb, 0,1 l Schlagsahne,
0,1 l Weißwein, Dill zum Garnieren.

Schalottenwürfel in Butter anschwitzen, mit Mehl bestäuben, mit Brühe
und Morchelfond auffüllen, zum Kochen bringen. In Stücke geschnittenen
Spargel, Morcheln, Krebsfleisch und
Zitronensaft zugeben, aufkochen, mit
Salz, Pfeffer, Worcestersauce abschmecken. Mit einer Eigelb-Sahne-
Mischung und Wein vollenden. Nicht
mehr kochen, mit Dill bestreuen.

Leipziger Allerlei
(von den Hugenotten in den Berliner Raum eingeführt)

200 g Karotten, 2 Kohlrabi,
$1/2$ Blumenkohl,
500 g weißer Spargel,
200 g Morcheln,
200 g Schalotten,
4 Frühlingszwiebeln,
50 g Butter,
2 EL Mehl,
$1/4$ l Hühnerbrühe,
50 g Krebsbutter,
$1/4$ l Schlagsahne,
weißer Pfeffer, Muskat,
Zucker, Petersilie,
20 Krebsschwänze.

Das geputzte, gewaschene Gemüse in gleichmäßige Stücke schneiden, Blumenkohl in Röschen teilen, Spargel schälen, dritteln, Morcheln halbieren.

42

Jedes Gemüse für sich in Salzwasser bißfest kochen, danach in Eiswasser legen, herausnehmen und gut abtropfen. Butter zerlassen, Mehl einstäuben, anschwitzen, mit Brühe auffüllen und auskochen. Krebsbutter und Sahne zugeben, nochmals aufkochen, mit Salz, Pfeffer, Muskat, Zucker abschmecken. Gemüse nach und nach zugeben, vorsichtig mischen und obenauf die Krebsschwänze und gehackte Petersilie geben.

Das Allerlei ist die ideale Beilage zu Kalbsfilet, kleinen Schnitzelchen und zu Poulardenbrust.

Märkische Kartoffeln

ca. 1 kg geschälte Kartoffeln, ¹/₂ kg Birnen, 2 EL eingeweichte Sultaninen, 3 EL Essig, 100 g Butter, 2 Zwiebeln, in Scheiben, Salz, 1 EL Zucker, ¹/₂ EL Zitronenzesten, einige Nelken, 1 frischer Zweig Majoran.

In dicke Scheiben geschnittene Kartoffeln in Salzwasser fast gar kochen. Birnen schälen, achteln, Kerngehäuse entfernen, mit Zucker, Nelken, Essig, Zitronenzesten und eingeweichten Sultaninen in etwas Wasser garen, danach Birnen und Sultaninen aus dem Sud nehmen. Zwiebelscheiben in der Butter hellbraun braten. Kartoffelscheiben und Birnenstücke abwechselnd in eine gebutterte Auflaufform schichten, gebratene Zwiebelscheiben obenauf geben. Im vorgeheizten Ofen bei 200 °C ca. 10 min. fertig garen.

Rinderbrust »Spreewälder Art«

1 kg Rinderbrust,
Petersilienwurzel, 2 Zwiebeln,
6 Pimentkörner, 1 Lorbeerblatt,
8 Kartoffeln, 4 Möhren,
1 Sellerieknolle, 1 Lauchstange.

Rinderbrust in heißem Salzwasser ansetzen, mehrmals abschäumen, Petersilienwurzel, Zwiebeln, Pimentkörner, Lorbeerblatt zugeben, 90 Minuten kochen lassen. Geschälte Kartoffeln blanchieren, Möhren, Sellerie und Lauch in Stücke schneiden, 20 Minuten vor Gar-Ende zum Fleisch geben, kurz mitkochen und gar ziehen lassen. Rinderbrust herausnehmen, in Scheiben schneiden, mit Gemüse anrichten, mit Brühe begießen. Als Beilage Sahnemeerrettich, Rote Beete, Senfgurken, Preiselbeeren.

Märkischer Topf

750 g Teltower Rübchen,
60 g Butter, 20 g Zucker,
0,1 l Hühnerbrühe,
400 g Steinpilze, 2 Schalotten,
2-3 Frühlingszwiebeln,
500 g Rinderfiletspitzen,
4 EL Erdnußöl, 1 EL Mehl,
0,2 l saure Sahne, Salz, Pfeffer.

Rübchen putzen, halbieren. Die Hälfte
der Butter mit Zucker karamelisieren,
Rübchen zugeben, Brühe auffüllen,
20 Minuten gar ziehen lassen. Pilze
putzen, säubern und grob zerkleinern.
Schalotten würfeln, in Butter anbraten, Pilze zugeben und würzen, 5 Minuten kochen lassen. Zwiebelscheiben
darauf legen, warm stellen. Rinderfi-
letwürfel in heißem Öl kroß anbraten,
würzen, kurz garen, mit Mehl bestäuben, Rübchenfond aufgießen, saure

Sahne zugeben, kurz aufkochen. Rübchen und Steinpilze hineingeben, kräftig abschmecken. Dazu Kartoffelpüree.

Gefüllte Brandenburger Kartoffeln mit Quark und Nüssen auf Bernauer Dunkelbierschaum

8 große Kartoffeln, 1 TL Kümmel,
Salz, 250 g magerer Quark,
2 gekochte Eier,
je 2 EL gehackte Zwiebeln,
Schnittlauch, Kerbel,
weißer Pfeffer aus der Mühle,
4-6 EL gehackte Walnusskerne,
kurz geröstet
Bernauer Dunkelbierschaum:
0,33 l Bernauer Dunkelbier, 3 Eigelb,
1 TL frischer Zitronensaft,
Salz, weißer Pfeffer.

Kartoffeln mit Kümmel und Salz halbgar kochen. Füllmasse aus Quark, geschnittenen Eiern, Zwiebeln, Kräutern und Walnusskernen bereiten, abschmecken.

Von den halbgaren Kartoffeln etwa $1/3$ der Schale abziehen, aushöhlen und Quarkmasse hineinfüllen. Gefüllte Kartoffeln in eine Auflaufform setzen und im vorgeheizten Ofen etwa 15-20 min. fertig garen.

Bier zur Hälfte einkochen, abkühlen lassen. Die Eigelb in das warme Bier geben und im Wasserbad schaumig schlagen, mit Zitronensaft, Salz und Pfeffer verfeinern und extra zu den gefüllten Kartoffeln servieren. Dazu passen Kopfsalatherzen in Kräuterdressing.

Steinbeißer in Wein-Dill-Soße mit Spargel

800 g Steinbeißerfilets, Saft einer Zitrone, Worcestersauce, Petersilienstengel, 1 kleines Paket Blätterteiglagen (TK), 3 Eigelb, 80 g Butter, 1 Glas Weißwein, 0,2 l Fischfond (Konserve), 0,1 l Sahne, Salz, weißer Pfeffer, 1 Prise Zucker, 50 g Krebsbutter, 1 kleine Dose Morcheln, ¹/₂ kg Spargel, gezupfte Dillspitzen.

Fischfilets portionieren, mit Zitronensaft, Worcestersauce und Petersilie marinieren. Blätterteig halbmondförmig ausstechen, mit einem Eigelb bestreichen; 2 Fleurons pro Person bakken. Fische salzen, in Butter, Wein und Fischfond 10 Minuten garziehen lassen, herausnehmen und warm stellen. Soße mit den übrigen Eigelb und

Sahne legieren (nicht kochen lassen),
mit Salz, Pfeffer und Zucker würzen,
abschließend die Krebsbutter unterschlagen. Spargel und Morcheln ge-
trennt erwärmen, an die Steinbeißerfilets anlegen, mit Soße übergießen,
mit gezupftem Dill garnieren; dazu
Fleurons reichen.

Lausitzer Schüsselhecht

1 Hecht (1,5 kg),
2 Zwiebeln, 1 Lorbeerblatt,
2 Petersilienwurzeln,
1 kleine Möhre,
1 Stück Sellerieknolle,
80 g Butter,
4 EL Semmelmehl,
4 EL Sahne, 2 Eigelb,
Salz, weißer Pfeffer,
Petersilie, Dill.

Hecht vorbereiten, Kopf, Flossen und Schwanz mit der zerkleinerten Zwiebel, Lorbeerblatt, der Hälfte des Suppengrüns und etwas Salz in 1/4 l Wasser zum Kochen bringen. 20-25 Minuten garziehen lassen. Fischfond passieren. Das restliche geputzte Gemüse in Scheiben schneiden, in feuerfester Form mit Butter anschwitzen, den geschnittenen Hecht darauf legen, mit Salz und Pfeffer würzen, die Hälfte des Fischfonds aufgießen und 15 Minuten garziehen. Restlichen Fond aufkochen, mit eingestreutem Semmelmehl, Eigelb und Sahne binden, gehackte Petersilie und Dill zugeben, über den Fisch gießen. Im vorgeheizten Ofen kurz überbacken.

Krebsschwänze Berliner Art

10-15 Krebse,
1 TL Kümmel, Dill, etwas Salz,
1 Zwiebel, 1 Knoblauchzehe,
100 g Butter, 1/2 Suppengrün
(in Streifen geschnitten),
4-6 abgezogene, entkernte Tomaten,
Dill, 2-3 Eigelb,
1/4 l Sahne,
Salz, weißer Pfeffer.

Lebende Krebse waschen und säubern und in siedendes Salzwasser mit Kümmel und Dill hineinlegen; 4-5 Minuten kochen lassen. Krebse herausnehmen, in kaltes Salzwasser legen, Scheren und Schwänze ausbrechen, Darm ziehen. Zwiebelscheiben und Knoblauchzehe mit der Hälfte der Butter anschwitzen und die vorher grob zerkleinerten Krebsschalen zugeben. Mit 1/2 l Krebssud auffüllen, 30 Minu

ten kochen lassen. Gemüsestreifen in restlicher Butter anschwitzen, etwas Krebssud auffüllen und gar kochen. Krebsschwänze und -scheren, Tomatenscheiben und Dill zugeben, alles aufkochen lassen. Mit Eigelb und Sahne legieren und mit Salz und Pfeffer abschmecken. In eine Suppenterrine füllen, dazu frisches Stangenweißbrot reichen.

Teltower Rübchen
mit hausgemachten Rösti

1 kg Teltower Rübchen,
je 50 g Butter und Zucker, etwas Salz,
weißer Pfeffer, 1 TL frischer Zitronen-
saft, 1 EL Semmelbrösel
<u>*Rösti:*</u>
je 400 g gekochte und rohe
geschälte Kartoffeln, 1 Ei, Salz,
weißer Pfeffer, etwas Muskat,
1 EL frischer Thymian,
1-2 EL Mehl, 80 g Butterschmalz.

Mit einem Messer die dunkle Haut
von den Rübchen kratzen, nochmals waschen, je nach Größe längs
halbieren.

Zuerst die rohen, dann die geschälten
Kartoffeln grob raspeln, mit Ei, Mehl
und den Gewürzen zu einer Masse
verarbeiten. Zitronensaft, Zucker, Salz
und Pfeffer kurz in der Butter aufko-

chen, leicht karamelisieren lassen,
Rübchen zugeben und abgedeckt etwa
8-10 min. dünsten.

Mittels Esslöffel Kartoffelmasse abstechen und im heißen Butterschmalz von allen Seiten kroß braten, fertige Rösti anrichten. Semmelbrösel zu den gedünsteten Rübchen geben, kurz durchschwitzen lassen und zu den Rösti auftragen.

Zucchini-Kartoffelpuffer mit Preiselbeeren

1 kg mehlig kochende Kartoffeln,
ca. 300 g Zucchini, 1 Ei,
1 EL Mehl, Salz, Muskat,
1 EL gehackter frischer Thymian,
2 EL gehackte Schalotten, 0,1 l Öl,
1 kleines Glas Preiselbeergelee,
100 g frische Preiselbeeren.

Zucchini waschen, in feine Würfel schneiden. Aus den geschälten Kartoffeln mittels feiner Reibe Mus herstellen, abtropfen lassen. Mehl, Ei, etwas Salz und Muskat, gehackte Schalotten, Thymian und Zucchiniwürfel in das Kartoffelmus geben und gut vermengen. Es muß eine dickliche Masse entstehen, gegebenenfalls etwas vom Kartoffelwasser zugeben.

Preiselbeeren unter das Preiselbeergelee geben, einzelne Beeren zur Garnitur aufheben. Flache Kartoffel-Zucchini-Häufchen im erhitzten Öl braten und mit dem Preiselbeergemisch sofort servieren. Dazu passen Kopf- oder Eisbergsalat mit gestifteltem deutschen Käse.

Spickhecht

4 Portionshechte zu je 500 g,
200 g fetter Speck, Saft einer Zitrone,
Salz, weißer Pfeffer,
200 g Butter, 2 EL Semmelmehl,
2 Zitronen, 1 Dose Sardellenfilets,
Petersilie, Dill.

Gewaschene Hechte trockenreiben, mehrmals die Haut quer einritzen. Kalten Speck in Scheiben schneiden, mit Spicknadel in die Hautritzen einziehen. Mit Zitronensaft beträufeln, mit Salz und Pfeffer würzen. Hechte in zerlassener Butter braten, dabei stets begießen und mehrmals wenden. Nach 20 Minuten die Hechte in Semmelmehl wälzen, nochmals 5 Minuten im Ofen braten. Mit Zitronenscheiben, Dillspitzen, grob gehackten Sardellenfilets und Petersilie garnieren. Mit brauner Butter übergießen.

Aal grün

1 Aal (1 kg küchenfertig),
4 EL Essig, Salz, 1 Zwiebel,
1 Lorbeerblatt, 6 Pimentkörner,
50 g Butter, 50 g Mehl, 3 Eigelb,
0,1 l Schlagsahne, Petersilie,
Dill, Kerbel, Zitronensaft.

1 l Wasser mit Essig, Salz, Zwiebel, Lorbeerblatt, Pimentkörnern aufkochen, Aal portionieren, ins kochende Wasser geben, 10-15 Minuten garziehen lassen. Aus Butter und Mehl helle Mehlschwitze bereiten, mit Aalfond auffüllen, glattrühren, 10 Minuten durchkochen und passieren. Aalstücke in die Soße legen, 10 Minuten durchziehen lassen. Eigelb mit Sahne verrühren, unter die Soße ziehen (nicht mehr kochen), gehackte Kräuter untermischen, mit Salz und Zitronensaft abschmecken.

Auflauf nach Marktfrauenart

*200 g Schnitzelfleisch, 2 EL Öl, Salz,
Pfeffer, 750 g Kartoffeln,
200 g Jagdwurst, 2 Zwiebeln,
1 Möhre, 1 Stange Porree, Blumenkohlröschen, 2 Faßgurken,
2 Heringsfilets, 50 g Butter, 3 Eier,
1/4 l saure Sahne, Kräuter, Speck.*

Fleisch in Scheiben schneiden, in Öl
anbraten, mit Salz und Pfeffer würzen.
Gekochte Kartoffeln, Gemüse, Zwiebeln, Gurken, Jagdwurst und Heringsfilets in Scheiben schneiden und
abwechselnd mit dem Fleisch schicht-
weise in eine gebutterte Auflaufform
legen, mit Kartoffeln abschließen.
Die gut gewürzte Eier-Sahne-Kräuter-
Mischung darüber gießen. Im vorgeheizten Ofen 30 Minuten bei 200 °C
backen. Speck kroß anbraten, 5 Minuten mit überbacken.

Zanderfilets im grünen Gras

4 Zanderfilets à 180 g,
Saft einer Zitrone, Petersilie,
1 Glas trockener Weißwein,
60 g Butter,
2 in Würfel geschnittene Zwiebeln,
Salz, weißer Pfeffer,
1 EL Körner-Senf
(1 TL zerdrückte angekochte
Senfkörner mit mittelscharfem Senf),
2 Eigelb,
4 EL gehackte Küchenkräuter,
4 Zitronenscheiben,
4 Dillstengel.

Zanderfilets mit Zitronensaft, Petersilie und etwas Wein marinieren, leicht salzen. Butter in Pfanne zerlassen, Zwiebeln hineingeben, darauf die Fischfilets, vorsichtig pfeffern. Restlichen Wein und Senf mischen, über die Filets geben, im vorgeheizten Ofen

10 Minuten bei 150 °C garen. Herausnehmen und warm stellen.

Fond mit Eigelb und kalter Butter cre-
mig binden, nicht mehr kochen. Küchenkräuter zugeben, mit Salz und
Pfeffer würzen. Soße auf vier Teller
verteilen, darauf je ein Zanderfilet, mit
Zitronenscheiben und Dillstengeln
garniert. Dazu Salzkartoffeln und
frischen grünen Salat.

Buchweizennudeln

150 g Buchweizenmehl,
150 g feines Weizenmehl,
2 Eier,
2 EL Rapsöl, Salz,
60 g Butter,
ca. 2 EL Öl,
etwas Muskat,

Beide Mehlsorten sieben, mit den Eiern, Öl und Salz zu einem geschmeidigen Teig verkneten, abgedeckt ca. 1 Stunde ruhen lassen. Teig mehrfach ausrollen (Nudelmaschine auch üblich), Teig wieder zusammenschlagen, 2-3 mal wiederholen, danach dünn ausrollen, in die übliche Breite schneiden, mit etwas Mehl bestäuben, leicht antrocknen lassen. Nudeln in reichlich Salzwasser (etwas Öl zugeben) maximal 4 min. kochen, abgießen, mit kaltem Wasser abbrausen, in heißer Butter anschwenken und mit Salz und Muskat verfeinern. Buchweizennudeln sind die ideale Ergänzung zu einem pikanten Eierragout.

Gebackene Selleriescheiben in knuspriger Sesam-Panade mit Pepper-Relish

2 junge Sellerieknollen à 500 g,
Saft einer Zitrone, 4 EL Mehl,
2 kleine Eier, 200 g Sesamkörner,
4 EL Öl, 60 g Butterschmalz, Salz,
etwas weißer Pfeffer
<u>Pepper-Relish:</u>
2 mittlere säuerliche Äpfel, 1/8 l Was-
ser, 1 EL abgeriebene Zitronenschale
(unbehandelt), 500 g Zucker,
je 50 g rote und grüne Chilischoten,
1 mittlere fein gewürfelte Zwiebel,
je 0,1 l Apfelessig und Apfelwein.

Geschälte Sellerieknollen in ca. 2 cm
dicke Scheiben schneiden, in Salzwasser mit Zitronensaft etwa 10-15 min.
kochen, herausnehmen und kurz in
Eiswasser abschrecken, auf Küchenkrepp trockentupfen.

Äpfel schälen, vierteln, Kerngehäuse entfernen. Apfelviertel im Wasser mit der Hälfte des Weins, Zuckers und der Zitronenschale kurz aufkochen und abgedeckt ca. 30 min. ziehen lassen, herausnehmen. Im Apfelfond den restlichen Zucker, Wein, Essig, Zwiebel- und Chiliwürfel ca. 30 min. köcheln lassen. Gelierprobe: auf einen Glasteller 1 TL Apfelfond geben, im Kühlschrank gelieren lassen. Apfelstücke mit Fond in Schraubgläser füllen, während des Erstarrens Gläser oftmals drehen.

Kalte Selleriescheiben leicht salzen, mehlieren, durch geschlagenes Ei ziehen, in den Sesamkörnern wenden. In heißem Öl von beiden Seiten kurz anbraten, Butterschmalz zugeben und braun braten. Zusammen mit dem Relish lauwarm servieren.

Blutwurst auf dicken Linsen

*250 g Linsen, je 1/2 Möhre und
Sellerieknolle, Salz, 1 EL Essig,
1/2 TL Zucker, 8 Scheiben Schwarten-
blutwurst, 40 g Margarine,
80 g Speckwürfel, 2 Zwiebeln,
1 Bund Schnittlauch,
Majoran, 2 Salzgurken.*

Linsen über Nacht einweichen, mit ge-
würfelter Möhre, Sellerie und Salz
dick kochen, mit Essig und Zucker abschmecken. Warm stellen. Blutwurstscheiben von beiden Seiten in Margarine anbraten, über die auf einem
Teller angerichteten Linsen geben.
Speckwürfel auslassen, feingewürfelte
Zwiebeln glasig dünsten, leicht zuk-
kern, mit Essig ablöschen. Gehackte
Kräuter unterheben und alles auf die
Blutwurstscheiben geben. Mit Gurken
garnieren.

Bratwurst in Biersoße

4 Bratwürste,
6 EL Milch, 60 g Butter,
1/4 l Bockbier, 1/4 l Weißbier,
1 EL zerdrückte Pfefferkörner,
je 1-2 Lorbeerblätter und Nelken,
100 g geriebener Pfefferkuchen,
Salz, Zucker.

Bratwürste brühen, in Milch wälzen und von beiden Seiten in Butter braun braten, herausnehmen, warmhalten. Dem Bratenfond Gewürze und das Bier zugeben, mit geriebenem Pfefferkuchen binden, auf benötigte Menge einkochen lassen. Nelken und Lorbeerblätter herausnehmen, mit Salz und Zucker abschmecken. Heiße Biersoße über die Bratwürste geben, mit Quetschkartoffeln und Sauerkohl anrichten.

Bollenfleisch

*1 kg in Scheiben geschnittene
Zwiebeln, 3 EL Öl, 1 kg in Würfel
geschnittene Hammelschulter,
Salz, Pfeffer, 1 TL Kümmel,
Thymian, 1/2 Knoblauchzehe,
1 EL Kartoffelmehl,
1 kg Kartoffeln, 1/8 l Milch,
30 g Butter, Salz, 1 EL Schnittlauch.*

Zwiebelscheiben in Öl hell anschwitzen, das Hammelfleisch und Gewürze
zugeben, 1/2 l Wasser aufgießen und
1 Stunde garen. Brühe mit Kartoffelstärke binden.
Gewürfelte Kartoffeln in Salzwasser
gar kochen, abgießen, stampfen. Mit
heißer Milch und Butter verrühren, auf
Teller verteilen und eine Vertiefung
eindrücken. Dorthin das Hammelfleisch mit Brühe geben, den Kartof-
felbrand mit Schnittlauch bestreuen,

Lübbenauer Schmorgurken mit Kartoffel-Buttermilch-Stampf

1 kg gelbe Landgurken, 1 Möhre,
1/2 Stange Porree, 1 Zwiebel,
1/4 l Gemüsebrühe, 80 g Butter oder
50 g Butterschmalz, 4-5 Tomaten,
je 1 EL gehackter Liebstöckel,
frischer Majoran und Basilikum,
2 EL geschnittener Dill, 0,1 l Kräuter-
essig (6-8 %), 2 EL Zucker,
Salz, weißer Pfeffer aus der Mühle,
0,2 l Schlagsahne.

Landgurken schälen, längs halbieren,
entkernen, vierteln und in Stücke
schneiden. Möhre und Lauch putzen,
waschen und in kleine Würfel schneiden, Tomaten enthäuten, entkernen
und würfeln. Zwiebelwürfel in erhitz-
ter Butter hell anschwitzen, Gurken-
stücke zugeben, salzen und gut durch-
schwenken, Zucker zugeben, mit

Brühe und Essig ablöschen, alles ca.
5 min. kochen lassen. Danach Möhren- und Lauchwürfel zugeben, nochmals 2-3 min. kochen, mit Sahne und Kräutern vollenden, abschmecken, abgedeckt langsam durchziehen lassen.

Kartoffel-Buttermilch-Stampf:
*500 g geschälte, grob gewürfelte
Kartoffeln, 1/8 l Buttermilch,
1 mittlere Zwiebel, 40 g Butter, Salz,
etwas Muskat, frischer Dill.*

Kartoffeln in heißem Salzwasser gar kochen, abgießen, dämpfen, mittels Stampfer kräftig durchstampfen, mit lauwarmer Buttermilch verrühren, mit Salz und Muskat abschmecken. Zwiebelscheiben in heißer Butter hellbraun anbraten. Kartoffelstampf auf großen Tellern anrichten, gebratene Zwiebelscheiben darauf, die Schmorgurken dazugeben, mit Dillspitzen garnieren

Pökeleisbein
mit Sauerkraut und Erbspüree

4 gepökelte Eisbeine à 600 g,
1 Zwiebel, 1 Lorbeerblatt, 4 Piment-
und 6 Pfefferkörner (zerdrückt),
1 TL Zucker, 1 Apfel, 1 Möhre,
2 Zwiebeln, 80 g Schmalz,
500 g Sauerkraut, 1 TL Zucker,
1/4 l Eisbeinbrühe,
1 geriebene Kartoffel zum Binden,
200 g gelbe Erbsen, 1 geschälte
Kartoffel, 1/2 Möhre, 1/4 Sellerieknol-
le, Salz, Pfeffer, Majoran,
1/4 l Eisbeinbrühe, 120 g magerer und
60 g fetter Speck, 2 Zwiebeln.

Eisbeine in 2 l kaltem Wasser zum Kochen bringen, abschäumen. Zwiebel,
Lorbeerblatt, Piment- und Pfefferkörner, etwas Zucker zugeben und
1/2 Stunde weichkochen lassen. Den

geschälten, entkernten Apfel und die geputzte Möhre raspeln und mit den in Scheiben geschnittenen Zwiebeln in heißem Schmalz leicht anbraten. Sauerkraut und Zucker dazugeben, mit Eisbeinbrühe auffüllen und 45 Minuten garen lassen. Fond mit geriebener Kartoffel binden, nochmals abschmecken.

Über Nacht eingeweichte Erbsen mit dem geputzten und grob zerkleinerten Gemüse und der Kartoffel, Majoran und Eisbeinbrühe 1 $1/2$ Stunde garen. Weichgekochte Erbsen durch den Mixer geben, mit Salz und Pfeffer abschmecken. Fetten Speck kroß auslassen, mageren Speck und Zwiebelwürfel goldbraun braten. Salzkartoffeln mit Majoran bestreuen, daneben Sauerkraut und Erbspüree – mit Speck und Zwiebelwürfeln übergossen – anrichten.

Kasseler Rücken mit Grünkohl

1 kg Kasseler Kotelett
(Knochen ausgelöst),
2 Zwiebeln, 1/2 Bd. Suppengrün,
1 Lorbeerblatt, 1 Glas Rotwein,
1 EL Speisestärke,
Kümmel, Pfeffer,
750 g tiefgekühlter Grünkohl,
80 g Schmalz,
1/2 feingewürfelte Zwiebel,
Muskat, Salz, Pfeffer,
1/4 l Brühe ,
2 EL Haferflocken.

Kasseler waschen, mit der Fettseite
nach unten in eine Bratpfanne legen,
Zwiebeln und Suppengrün grob zerkleinern und mit den Gewürzen dazugeben. Mit 1/2 l Wasser aufgießen und
im vorgeheizten Ofen garen. Fleisch
nach 30 Minuten öfter wenden und
löffelweise mit Rotwein begießen.

Kasseler nach einer reichlichen Stunde Garzeit herausnehmen und warm stellen. Bratfond passieren und mit restlichem Rotwein kurz aufkochen, mit Salz und Pfeffer abschmecken. Grob gehackte Kasseler Knochen mit Zwiebeln in heißem Schmalz andünsten, aufgetauten Grünkohl, alle Gewürze und die Brühe dazugeben. Abgedeckt 1 Stunde in der Röhre kochen lassen. Zum Abbinden Haferflocken einstreuen, nochmals 30 Minuten kochen. Als Beilage Petersilienkartoffeln oder Klöße.

Hoppel-Poppel

60 g Speckwürfel,
500 g gekochte oder gebratene
Rinder- oder Kalbsbrust,
2 Zwiebeln,
600 g gekochte Pellkartoffeln,
50 g Schmalz, 4 Eier, 1/2 Tasse Milch,
Schnittlauch, Salz, Pfeffer.

Speckwürfel auslassen, das in Streifen
geschnittene Fleisch und Zwiebeln zugeben und anbraten. Danach die Pell-
kartoffelscheiben und etwas Schmalz
dazu, alles schön braun braten. Eier
mit Milch, Salz, Pfeffer und feinge-
schnittenem Schnittlauch verrühren,
über das Kartoffelgemisch gießen,
kurz durchrühren. Mit Hilfe eines
Pfannendeckels wenden, auf einer
vorgewärmten Platte anrichten. Dazu
schmecken saure Gurken oder grüne
Salate.

Leber nach Berliner Art

4 Scheiben Leber à 150 g,
4 EL Mehl, 50 g Schmalz,
Salz, weißer Pfeffer,
2 saure Äpfel, 1/2 TL Zucker,
2 EL trockener Weißwein,
40 g Butter, 2 große Zwiebeln.

Gewaschene Leber trockentupfen, in Mehl wälzen, Schmalz in Pfanne erhitzen, Leber von beiden Seiten kurz braten; sie muß innen rosa bleiben. Mit Salz und Pfeffer würzen. Herausnehmen, warm stellen. Geschälte und entkernte Äpfel in 2 cm dicke Scheiben schneiden, leicht zuckern, mit Weißwein beträufeln. Dem Bratfett Butter zugeben, die in Scheiben geschnittenen Zwiebeln leicht bräunen, Apfelscheiben dazugeben, abgedeckt kurz garziehen. Über die Leber geben. Dazu Kartoffelbrei.

Kalbsbrust in Stachelbeersoße

1,2 kg Kalbsbrust mit Knochen,
80 g Butter, Salz, Pfeffer,
2 EL Zucker, 1 Prise Zimt,
350 g unreife Stachelbeeren,
1/4 l Weißwein, 4 Eigelb.

Gewaschene Kalbsbrust mit Salz und
Pfeffer einreiben, in heißer Butter von
allen Seiten goldbraun anbraten. Stachelbeeren zugeben und mit anschwitzen, Zucker und Zimt beifügen, mit
Weißwein ablöschen. Bei 175 °C abgedeckt weichdünsten. Wasser zugießen. Kalbsbrust herausnehmen, Knochen entfernen, Fleisch warm stellen.
Soße durch ein Sieb streichen, mit
Salz und Pfeffer abschmecken. Eigelb
unter die Soße ziehen. Kalbsbrust in
Streifen schneiden, mit der Soße übergießen. Als Beilage Kartoffelpüree,

Berliner Hühnerfrikassee

1 Suppenhuhn (1,5 kg),
1 Suppengrün,
200 g Kalbsbries,
250 g Spargel, 125 g Champignons,
50 g Morcheln, 100 g Butter,
1 Zitrone, 16 Krebsschwänze,
1/4 l trockener Weißwein, 3 EL Mehl,
1/4 l Sahne, 4 Eigelb,
Salz, Pfeffer, Worcestersauce,
25 g Krebsbutter, Kapern,
8 Fleurons.

Huhn in Salzwasser aufkochen, aus-
schäumen, geputztes Suppengrün zugeben und 1/2 Stunde weichkochen.
Herausnehmen, Knochen und Haut
entfernen, zerkleinern und in etwas
Brühe warm stellen.
Bries gut wässern, kurz blanchieren,
enthäuten und in Scheiben schneiden,
ebenfalls warm halten.

Geschälten Spargel abkochen, in Stücke schneiden. Geputzte Pilze vierteln, mit etwas Zitronensaft in Butter dünsten, Krebsschwänze in $1/8$ l Wein wärmen. Butter zerlassen, Mehlschwitze bereiten, mit Hühnerbrühe, etwas Spargelfond und restlichem Wein auffüllen, gut verrühren und durchkochen. Sahne und Eigelb verquirlen, unter die Sauce ziehen. Mit Salz, Pfeffer, Zitrone und Worcestersauce abschmecken. Hühnerfleisch, Bries, Krebsschwänze, Spargel und Pilze in einer tiefen Schüssel anrichten, mit Soße übergießen und mit Kapern bestreuen sowie mit Krebsbutterstreifen garnieren.

Fleurons darum legen, mit Butterreis servieren.

Schnitzel Holstein

4 Kalbsschnitzel (je 150 g),
Salz, Pfeffer, 3 EL Mehl,
80 g Butterschmalz,
4 Eier, 12-16 Kapern,
6 halbierte Weißbrotscheiben,
40 g Butter, 4 Scheiben Lachs,
4 Ölsardinen, 4 Sardellenfilets.

Kalbsschnitzel salzen, pfeffern und in Mehl wälzen. In heißem Butterschmalz beidseitig 4 Minuten braten. Danach in einer Pfanne die Eier braten, auf die gebratenen Kalbsschnitzel legen und mit Kapern bestreuen. Weißbrotscheiben mit Butter bestreichen, mit Lachs, Ölsardinen, Sardellenfilets belegen, mit Ei und grünem Salat garnieren. Auf einer Platte an die Kalbsschnitzel anlegen. Dazu Bratkartoffeln, Bohnen- und Rote-Bete-Salate reichen.

Havelländische Gänsekeule

4 Gänsekeulen, etwas Beifuß,
1 Apfel, 1 Zwiebel,
$1/8$ l Rotwein, 1 TL Kartoffelstärke,
800 g Rübchen,
Saft $1/2$ Zitrone, 50 g Butter,
1 EL Zucker, Salz, weißer Pfeffer.

Gänsekeulen mit Salz, Pfeffer und
Beifuß würzen und in eine Bratpfanne
mit etwas Wasser legen. Apfel- und
Zwiebelwürfel zugeben, im vorgeheizten Ofen bei 200 °C garen. Keulen
öfter wenden, zum Bräunen regelmä-
ßig mit kaltem Wasser begießen, Bratfond mit Rotwein ablöschen. Fett ab-
schöpfen, Fond mit Kartoffelstärke
binden, passieren, abschmecken.
Halbierte Rübchen in Butter mit
Gewürzen und Zucker anbräunen, mit
Zitronensaft beträufeln. Wenig Wasser
zugeben, 10 Minuten garen.

Gefüllte Hühnerbrust

200 g frischer Blattspinat,
60 g Champignons,
1/2 rote Paprika,
300 g rohe Bratwurstmasse,
1 Glas Weinbrand,
4 Hühnerbrüste mit Haut
und Flügelknochen,
Salz, Pfeffer, edelsüßer Paprika,
60 g Butterschmalz,
1/8 l Weißwein,
je 100 g Karotten und Teltower
Rübchen oder Gatower Kugeln,
1/2 Broccoli, 4 Blumenkohlröschen,
1 kleine Zucchini,
50 g Butter, etwas Zucker.

Blattspinat grob schneiden, gewürfelte
Champignons und Paprika mit Bratwurstmasse mischen und mit Weinbrand abschmecken. Masse in Spritz-
sack geben und in Hühnerbrüste

einfüllen. Hühnerbrüste mit einem spitzen Messer einstechen, mit Salz, Pfeffer und Paprika würzen und in heißem Butterschmalz anbraten, mit Weißwein ablöschen und im vorgeheizten Ofen mit etwas Wasser bei 130 °C etwa 20 Minuten garen. Danach die Hühnerbrust in 2-3 Stücke schneiden, Soßenfond auf gewünschte Menge einkochen, abschmecken. Das Gemüse in gefällige Stücke schneiden. Sortenweise blanchieren, in Eiswasser abschrecken. Herausnehmen, abtupfen, alles in heißer Butter mit etwas Salz und Zucker anschwenken und auf einer Platte farblich sortiert anrichten.

Dazu Kartoffelbällchen.

Altberliner Kohlroulade

je 250 g Schabefleisch und
Hackepeter,
4 EL Semmelmehl, 2 Eier,
1 feingehackte Zwiebel,
Salz, Pfeffer, Paprika,
2 EL Schnittlauchröllchen,
1 großer Weißkohl,
1 TL Kümmel, 50 g Speckwürfel,
1 EL brauner Soßenbinder
oder Mehl, 100 g saure Sahne,
4 Scheiben magerer Speck (je 40 g).

Schabe- und Hackfleisch mit Eiern,
Zwiebel, Semmelmehl sowie Salz,
Pfeffer, Paprika und Schnittlauch zu
einem Teig verarbeiten.
Vom Weißkohl den Strunk ausstechen
und 15-20 Minuten im Salzwasser kochen lassen, Blätter vorsichtig lösen.
Pro Roulade 3-4 Blätter übereinander-
legen, mit Salz und Kümmel würzen

und darauf das Hackfleisch verteilen. Mit den Kohlblättern einrollen, mit Zwirnsfaden zusammenhalten.

Speckwürfel in einer Pfanne anbraten, Kohlrouladen zulegen, bei 190 °C in der Röhre 30 Minuten braten. Sobald der Kohl bräunt, etwas Wasser zugeben. Nach dem Garen Rouladen herausnehmen, warm stellen. Bratfond mit Wasser aufkochen, Soßenbinder einrühren, saure Sahne unterziehen und nachschmecken. Speckscheiben mit Schwarte kammförmig einschneiden, kroß anbraten, an die Kohlrouladen anlegen. Als Beilage Salzkartoffeln.

Stachelbeergrütze

500 g Stachelbeeren,
50 g Zucker,
1 Päckchen Vanillezucker,
40 g Grieß,
3 steifgeschlagene Eiweiß.

Stachelbeeren mit Zucker und Vanillezucker dünsten. Mit dem Mixer die
Beeren zerkleinern, 1/2 l Wasser zugeben und aufkochen. Grieß langsam
einlaufen und ausquellen lassen. Geschlagenes Eiweiß unterheben, in mit
Wasser ausgespülte Formen füllen,
über Nacht erkalten lassen. Zum Anrichten stürzen, mit Schlagsahne, Min-
zeblättern, Johannisbeerrispen oder
anderen Beeren garnieren.

Rote Grütze
mit Erdbeeren aus Werder

400 g Walderdbeeren (TK),
200 g frische Erdbeeren,
150 g Zucker, etwas Zitronensaft,
50 g Grieß, 1/4 l Schlagsahne.

Erdbeeren waschen, die Hälfte davon mit den Walderdbeeren dünsten. Zucker und 1/2 l Wasser zugeben, unter ständigem Rühren aufkochen. Grieß langsam unter die kochende Masse rühren und quellen lassen. Mit etwas Zitronensaft abschmecken. In eine mit kaltem Wasser ausgespülte Form geben und nach dem Erkalten stürzen. Mit den restlichen Erdbeeren und Sahne garnieren oder Vanillesoße dazu reichen.

Eberswalder Spritzkuchen

65 g Butter, Salz, 200 g Mehl,
6 Eier, 1 EL Vanillezucker,
200 g Puderzucker, 2 EL Zitronensaft,
500 g Butterschmalz.

In einem Topf 1/4 l Wasser, Butter, eine
Prise Salz aufkochen, Mehl zugeben
und auf kleiner Flamme so lange
rühren, bis sich die Masse vom Topf-
boden löst und einen Kloß bildet.
Handwarm abkühlen lassen, Eier
nacheinander unter den Teig rühren,
Vanillezucker zugeben. Mit dem letzten Ei evtl. 1/2 TL Backpulver unterar-
beiten. Fertigen Brandteig in Spritz-
beutel füllen und Kringel auf gefettete
Pergamentpapierstücke (10 x 10 cm)
spritzen. Im erhitzten Fett von beiden
Seiten 3-4 Minuten goldgelb backen.
Gut abtropfen und abkühlen lassen,
mit Zitronenglasur einstreichen.

Berliner Pfannkuchen
(für 10-12 Stück)

750 g gesiebtes Mehl, 40 g Hefe,
3/8 l Milch, 100 g Zucker,
1 Päckchen Vanillezucker, 2 Eier,
1 Eigelb, 50 g Butter,
abgeriebene Zitronenschale, Salz,
250 g Pflaumenmus,
500 g Butterschmalz,
100 g Zucker zum Wälzen oder
100 g Puderzucker für Glasur,
1 EL Zitronensaft.

Mehl in eine Schüssel geben, Vertiefung eindrücken, auf dem Mehlrand Zucker, Butterflöckchen und Gewürze verteilen. Zerbröckelte Hefe mit lauwarmer Milch verrühren und in die Vertiefung gießen. $^1/_3$ Zucker zugeben, mit Mehl bestäuben, abdecken und bei Zimmertemperatur gehen lassen. Nach etwa 30 Minuten das aufge-

gangene Hefestück mit allen übrigen Zutaten verkneten, schlagen, bis der Teig Blasen wirft, nochmals 1 Stunde gehen lassen. Vor der Weiterverarbeitung den Teig nochmals zusammenstoßen. Teig auf bemehltem Brett fingerdick ausrollen und mit einem Glas runde Formen (etwa 10 cm Durchmesser) ausstechen. Jeweils 1 EL Pflaumenmus aufsetzen. Teigrand mit etwas Wasser anfeuchten, andere Teigscheibe auflegen und andrücken, wiederum gehen lassen und in heißem Butterschmalz schwimmend von beiden Seiten ausbacken (6-8 Minuten). Gut abtropfen lassen, in Zucker wälzen oder glasieren.

Arme Ritter

1/2 l Milch, 40 g Zucker,
1 Päckchen Vanillezucker,
etwas abgeriebene Zitronenschale,
Zimt, 4 Scheiben altbackenes
Weiß- oder Rosinenbrot
oder Brötchen,
4 Eier, 80 g Butter.

Milch mit Zucker, Vanillezucker, Zimt
und Zitronenschale zum Kochen bringen. Brot- oder Brötchenscheiben
darin tränken, durch die geschlagenen
Eier ziehen und in heißer Butter von
beiden Seiten goldgelb backen. Auf
Tellern anrichten und mit Puderzucker
bestreuen. Dazu Apfelmus und
eine Tasse Kaffee.

Potsdamer Apfeltorte

300 g Mehl, 150 g Butter,
200 g Zucker, 1 Ei,
1 Prise Salz,
1,5 kg Äpfel (Boskop),
100 g Sultaninen,
60 g Korinthen,
50 g gehobelte süße Mandeln,
abgeriebene Schale
und Saft 1 Zitrone,
4 cl Rum oder Arrak,
1/2 TL Zimt, 1 Eigelb,
80 g Puderzucker,
Zitronensaft.

Aus Mehl, Butter, der Hälfte des Zuckers, Ei und Salz den Mürbeteig herstellen, 1 Stunde kalt stellen. 2/3 des Teigs ausrollen, in eine gefettete Springform legen, Rand andrücken. Geschälte Äpfel entkernen, kleinschneiden und mit restlichem Zucker,

Sultaninen, Korinthen, Mandeln, Zitronensaft und -schale sowie Zimt und Rum mischen, durchziehen lassen und auf dem Teigboden verteilen.

Restlichen Teig ausrollen, auf die Apfelmasse legen und mit Eigelb bestreichen. Im vorgeheizten Ofen bei 150 °C etwa 35 - 40 Minuten goldgelb backen.

Puderzucker mit Zitronensaft verrühren und auf die Apfeltorte auftragen.

Mit Schlagsahne servieren.

Berliner Luft

4 Eier (Eigelb und Eiklar trennen),
100 g Zucker,
1 Päckchen Vanillezucker,
abgeriebene Schale und Saft
einer Zitrone, Salz,
1/8 l Apfelsaft,
4 cl Apfelkorn,
4 Blatt Gelatine.

Eigelb mit Zucker, Vanillezucker, Apfelsaft und -korn, abgeriebener Zitronenschale und Salz mit einem Schneebesen im warmen Wasserbad aufschlagen. Eingeweichte Gelatine in der heißen Eigelbmasse auflösen, im Eiswasserbad kaltrühren, etwas Zitronensaft zugeben und kalt stellen. Das geschlagene Eiweiß unter die Speise ziehen. In Sektschalen anrichten. Teegebäck dazureichen.

Getränke aus Berlin und der Mark Brandenburg

Weißbierbowle: Früchte der Saison vorbereiten, zuckern und mit passendem Likör marinieren. Vor dem Servieren mit gut gekühltem Weißbier aufgießen.

Gentleman's Drink: je Glas 3-4 Würfelzucker auf einer Zitrone aromatisieren, 2 cl Gin und jeweils 2-3 Eiswürfel ins Glas geben, mit Weißbier auffüllen.

Gurkenbowle: Eine entkernte Salatgurke in kleine Würfel schneiden und mit 500 g gewaschenen halbierten Erdbeeren in ein Bowlegefäß geben. 50 g Zucker und 1 Flasche Rotwein zugeben. $1/2$ Tag abgedeckt stehen lassen. 4-6 Minzeblätter einlegen, vor dem Servieren mit kaltem Sekt auffüllen.

Bekannte Spezialitäten aus Berlin und der Mark Brandenburg

Brezel ab 17. Jh. wurden Brezelbäcker in und um Berlin genehmigt

Schrippe ab 18. Jh. Weizengebäck mit typischem Längsschnitt

Hackepeter erstmals im 19. Jh. erwähnt; $^2/_3$ sehnenfreies mageres und $^1/_3$ fettes Schweinefleisch durch den Wolf gedreht, mit Pfeffer, Salz, feingehackten Zwiebeln

Bockwurst durch traditionelle Bockbierfeste bekannt. Zechende Studenten wollten zum **Bockbier** etwas essen, so entstand der Name (beim Gastwirt R. Schulz)

Holsteiner Schnitzel nach Friedrich von Holstein, Berliner Diplomat zur Bismarckzeit

Teltower Rübchen durch den mageren Boden der Mark klein gebliebene, helle Rüben mit zartem Geschmack

Berliner Weiße aus dem 16. Jh. aus Hamburg stammend. Seit 18. Jh. in Berlin, durch Zusätze von Waldmeister- oder Himbeersirup, Kirsch- oder Kümmellikör bekanntes Weißbier

Lexikon für unser
»werthes Publikümer«

Briefträgereisbein Rollmops • **Brot-kratzer** Brat- oder Backhuhn • **Dok-torchen** Eier- oder Kirschlikör **Droschkenkutscher** Molle (Bier) und Korn • **Geschmorte Pumpe** Herz, ge-braten • **Grüner Rasen mit Sonnen-blume** Spinat mit Setzei • **Kavaliers-lage** Pils, Weinbrand und Zigarette **Kniegänger** Gin Fizz • **Kokarde** Setzei • **Landwehrtopp** Bier im Weißbierglas • **Laubenpieperbraten** Kaninchen gebraten • **Maurertod** Boonekamp und Pfefferminz • **Ofen-rohr** Roulade • **Plumpfe** Topfwurst **Radfahrerbeene** 2 Wiener Würstchen **Rasenlatscher** Korn mit Pfefferminz-likör • **Schuhsohle** Gebratens Rump-steak • **Ulsterknöppe** Kleine Buletten

Rezeptverzeichnis

Aus dem lieferbaren Mini-Angebot

Natur & Gesundes

Alte Gemüsesorten · Aronia · Backen einmal anders · Bauernweisheiten durchs Jahr · Blüten für Genießer · Essen von der Wiese · Essbares von Bäumen & Sträuchern · Gesundes Kraut · Heilkräuterbüchlein · Herbe Beeren · Hildegard von Bingen · Heiter bis wolkig. Vom Wetter · Holunder-Rezepte · Honig · Ingwer · Kleine Kräuterapotheke · Küchenkräutergarten · Kürbisbüchlein · Multitalent Zwiebel · Mythos Ginkgo (auch engl.) · Neues Katzenbüchlein · Noch mehr Essen von der Wiese · Quinoa. Das gesunde Inka-Korn · Salbei · Sanddorn-Rezepte · Tomatenbüchlein · Vegane Küche

Essen & Trinken

Alles gewickelt & gerollt · Backen & Naschen · Bento – Genuss „to go" · Berlin-Brandenburg kulinarisch · Brot backen · Essen wie im Mittelalter · Feines Dinkelgebäck · Filinchen · Fingerfood · Fisch-Kochbuch · Gewürze · Grillen exotisch · Kaffeevergnügen · Kochbüchlein Schweiz · Lauter scharfe Sachen · Marmelade & Gelee · Mecklenburg-Vorpommern kulinarisch · Milch-Büchlein · Pasta vegetarisch · Sachsen kulinarisch

Sachsen-Anhalt kulinarisch
Schlemmerbüchlein · Schokoladenbüchlein
Sektbüchlein · Senfbüchlein · Süße Sünde:
Schokolade · Süße Verführung · Süßes im
Advent · Teegenuss · Thüringen kulinarisch
Trendgebäck · Weihnachten. Bräuche & Rezepte
Whisky

Literarisches

Das kleine Bach-Büchlein (auch engl.)
Die Geheimnisse der Familie Bach
Die Minibibliothek (Bibliografie)
Erzgebirgisches Weihnachtsbüchlein
Fange jetzt zu leben an · Faust-Zitate · Frauen
Frauen & Männer · Frauen-Weisheit
Goethe-Zitate · Große Sachsen
Gut beraten, froh gestimmt
Gute-Laune-Büchlein · HairAffair!
Heldenjungfrauen · Ich hab dich so lieb
Liebe Mama... · Liebe Oma... · Lieber Opa...
Lieber Papa... · Martin Luther
Märchenkönig Ludwig II. (auch engl.) · Karl May
Mein Leipzig. Geliebtes Weltdorf
Wolfgang A. Mozart · Musenkuss –
Richard Wagner · Nietzsche-Zitate
Nur mit dem Herzen... (Saint Exupéry)
Philosophinnen-Sprüche · Sandmännchen
Schiller-Zitate · Clara & Robert Schumann
Theodor Storm · Thomaner-Büchlein
Wahrsagen à la Lenormand
Weisheiten aus dem Fernen Osten
Weisheiten der Welt · Heinrich Zille

Stadt & Land

BuchVerlag für die Frau
Gerichtsweg 28 · 04103 Leipzig
www.buchverlag-fuer-die-frau.de